Libro de las 100 Citas

Este reto consiste en documentar 100 citas diferentes en este álbum de recortes, el cual crearás y disfrutarás en el tiempo que te asignes. En cada cita, guardarás fotos y escribirás sobre un momento especial para recordar cada experiencia con amor. Aquí algunos puntos importantes a considerar:

1. Las fotos son obligatorias para este álbum; podrías optar por incluir un dibujo creado por ti.

2. Los encuentros pueden tener lugar cualquier día, no necesariamente en una fecha especial.

3. Intenta disfrutar al máximo de cada momento.

4. Comprométete a fijar una fecha cualquiera y a acordar todos los detalles previamente (a menos que se trate de una cita sorpresa).

Si estás de acuerdo con las reglas de estas 100 citas y, sobre todo, estás dispuesto a disfrutar, divertirte y dar lo mejor de ti en cada una de ellas, entonces comencemos esta fantástica aventura.

100 Citas

Yo soy:

____

Mis cosas favoritas:

____

____

____

____

____

Yo soy:

____

Mis cosas favoritas:

____

____

____

____

Cita #_______

Ir al cine

____
____
____
____
____

Fecha: _______________________

Lugar: _______________________

____
____
____
____
____
____
____
____

Escribe, dibuja o pega algo para recordar esta cita

Cita #_______

Ir a la playa

Calificación de esta cita

Describe esta cita con una sola palabra

Fecha: _______________________

Lugar: _______________________

Lo mejor de la cita:

La mejor foto del día

Escribe, dibuja o pega algo para recordar esta cita

Cita #_____

Paseo en Bicicleta

Calificación de esta cita

Describe esta cita con una sola palabra

Fecha: ______________________

Lugar: ______________________

Lo mejor de la cita:

La mejor foto del día

Escribe, dibuja o pega algo
para recordar esta cita

Cita #_______

Ir al zoológico

____

____

____

____

____

Fecha: ____________________

Lugar: ____________________

____

____

____

____

____

____

____

Escribe, dibuja o pega algo
para recordar esta cita

Cita #_______

Ir a acampar

____

____

____

____

____

Fecha: _______________________

Lugar: _______________________

Lo mejor de la cita:

____

____

____

____

____

____

____

____

Escribe, dibuja o pega algo
para recordar esta cita

Cita #______

Calificación de esta cita

Hacer una fogata

____

____

____

____

____

Describe esta cita con una sola palabra

Fecha: _______________________

Lugar: _______________________

Lo mejor de la cita:

____

____

____

____

____

____

____

____

La mejor foto del día

Escribe, dibuja o pega algo
para recordar esta cita

Cita #______

Ir a las maquinitas

____
____
____
____
____

Fecha: _______________________

Lugar: _______________________

____
____
____
____
____
____
____

Escribe, dibuja o pega algo para recordar esta cita

Cita #_______

Peli en casa

____

____

____

____

____

Fecha: _______________________

Lugar: _______________________

____

____

____

____

____

____

____

La mejor foto del día

Escribe, dibuja o pega algo
para recordar esta cita

Cita #_______

Clases de baile

____
____
____
____
____
____

Calificación de esta cita

Describe esta cita con una sola palabra

Fecha: _______________________

Lugar: _______________________

Lo mejor de la cita:

____
____
____
____
____
____
____
____

La mejor foto del día

Escribe, dibuja o pega algo
para recordar esta cita

Cita #_______

Ir a una disco

____
____
____
____
____

Fecha: ________________________

Lugar: ________________________

____
____
____
____
____
____
____

Escribe, dibuja o pega algo para recordar esta cita

Cita #_______

Ir a una heladería

____

____

____

____

____

____

Fecha: _______________________

Lugar: _______________________

____

____

____

____

____

____

____

____

La mejor foto del día

____

Escribe, dibuja o pega algo
para recordar esta cita

Cita #_______

Juegos de mesa

____

____

____

____

____

____

Fecha: _______________________

Lugar: _______________________

____

____

____

____

____

____

____

Escribe, dibuja o pega algo
para recordar esta cita

Cita #_______

Comida en casa

Fecha: ___________________

Lugar: ___________________

Escribe, dibuja o pega algo para recordar esta cita

Cita #_______

Leer un libro junto

____

____

____

____

____

Calificación de esta cita

Describe esta cita con una sola palabra

Fecha: _______________________

Lugar: _______________________

Lo mejor de la cita:

____

____

____

____

____

____

____

____

La mejor foto del día

Escribe, dibuja o pega algo
para recordar esta cita

Cita #_______

Noche de disfraces

____

____

____

____

____

____

Describe esta cita con una sola palabra

Fecha: _______________________

Lugar: _______________________

Lo mejor de la cita:

____

____

____

____

____

____

____

La mejor foto del día

Escribe, dibuja o pega algo
para recordar esta cita

Cita #_______

Domingo familiar
Casa de ella

Fecha: _______________________

Lugar: _______________________

Lo mejor de la cita:

La mejor foto del día

Escribe, dibuja o pega algo
para recordar esta cita

Cita #_______

Domingo familiar
Casa de él

Describe esta cita con una sola palabra

Fecha: _______________________

Lugar: _______________________

Lo mejor de la cita:

La mejor foto del día

Escribe, dibuja o pega algo
para recordar esta cita

Cita #_______

Videojuegos en casa

____

____

____

____

____

____

Calificación de esta cita

Describe esta cita con una sola palabra

Fecha: _______________________

Lugar: _______________________

Lo mejor de la cita:

____

____

____

____

____

____

____

____

La mejor foto del día

Escribe, dibuja o pega algo
para recordar esta cita

Cita # _______

Ver el atardecer

____

____

____

____

____

Calificación de esta cita

Describe esta cita con una sola palabra

Fecha: _______________________

Lugar: _______________________

Lo mejor de la cita:

____

____

____

____

____

____

____

____

La mejor foto del día

Escribe, dibuja o pega algo
para recordar esta cita

Cita #_______

Desayuno juntos

____

____

____

____

____

Fecha: _____________________

Lugar: _____________________

____

____

____

____

____

____

____

____

La mejor foto del día

Escribe, dibuja o pega algo
para recordar esta cita

Cita #_______

Escribir una canción

____

____

____

____

____

____

Fecha: _________________

Lugar: _________________

____

____

____

____

____

____

____

____

Escribe, dibuja o pega algo
para recordar esta cita

Cita #_______

Vestir iguales

Fecha: _______________________

Lugar: _______________________

Escribe, dibuja o pega algo
para recordar esta cita

Cita #_____

Ir a un estadio

Describe esta cita con una sola palabra

Fecha: _____________________

Lugar: _____________________

Lo mejor de la cita:

La mejor foto del día

Escribe, dibuja o pega algo
para recordar esta cita

Cita #_______

Calificación de esta cita

Planear un viaje

Describe esta cita con una sola palabra

Fecha: _________________

Lugar: _________________

Lo mejor de la cita:

La mejor foto del día

Escribe, dibuja o pega algo
para recordar esta cita

Cita #_______

Ir a un karaoke

Calificación de esta cita

Describe esta cita con una sola palabra

Fecha: _______________________

Lugar: _______________________

Lo mejor de la cita:

La mejor foto del día

Escribe, dibuja o pega algo
para recordar esta cita

Cita #_______

Hacer un picnic

____

____

____

____

____

Calificación de esta cita

Describe esta cita con una sola palabra

Fecha: _______________________

Lugar: _______________________

Lo mejor de la cita:

____

____

____

____

____

____

____

La mejor foto del día

Escribe, dibuja o pega algo
para recordar esta cita

Cita #_____

Ir a bucear

____

____

____

____

Describe esta cita con una sola palabra

Fecha: _______________________

Lugar: _______________________

Lo mejor de la cita:

____

____

____

____

____

____

____

La mejor foto del día

Escribe, dibuja o pega algo
para recordar esta cita

Cita #_______

Visitar un pueblo mágico

Describe esta cita con una sola palabra

____

____

____

____

____

Fecha: _______________________

Lugar: _______________________

Lo mejor de la cita:

La mejor foto del día

____

____

____

____

____

____

____

____

Escribe, dibuja o pega algo
para recordar esta cita

Cita #______

Día sin celulares

____

____

____

____

____

____

Fecha: _______________________

Lugar: _______________________

____

____

____

____

____

____

____

____

Escribe, dibuja o pega algo
para recordar esta cita

Cita #_____

Deporte extremo

____

____

____

____

____

Calificación de esta cita

Describe esta cita con una sola palabra

Fecha: ________________________

Lugar: ________________________

Lo mejor de la cita:

____

____

____

____

____

____

____

La mejor foto del día

Escribe, dibuja o pega algo
para recordar esta cita

Cita #_______

Ir a un scaperoom

____

____

____

____

____

Calificación de esta cita

Describe esta cita con una sola palabra

Fecha: _________________________

Lugar: _________________________

Lo mejor de la cita:

La mejor foto del día

____

____

____

____

____

____

____

Escribe, dibuja o pega algo
para recordar esta cita

Cita #_______

Salida con amigos

De ella

____

____

____

____

____

Calificación de esta cita

Describe esta cita con una sola palabra

Fecha: _____________________

Lugar: _____________________

Lo mejor de la cita:

____

____

____

____

____

____

____

La mejor foto del día

Escribe, dibuja o pega algo
para recordar esta cita

Cita #_______

Salida con amigos

De él

Fecha: _______________________

Lugar: _______________________

Escribe, dibuja o pega algo para recordar esta cita

Cita #_______

Cumplir un deseo
De ella

____

____

____

____

____

Describe esta cita con una sola palabra

Fecha: _______________________

Lugar: _______________________

Lo mejor de la cita:

____

____

____

____

____

____

____

La mejor foto del día

Escribe, dibuja o pega algo
para recordar esta cita

Cita #_______

Cumplir un deseo
De él

____

____

____

____

____

Describe esta cita con una sola palabra

Fecha: _______________________

Lugar: _______________________

Lo mejor de la cita:

____

____

____

____

____

____

____

____

La mejor foto del día

Escribe, dibuja o pega algo
para recordar esta cita

Cita #_______

Fiesta sorpresa

Describe esta cita con una sola palabra

Fecha: _______________________

Lugar: _______________________

Lo mejor de la cita:

La mejor foto del día

Escribe, dibuja o pega algo
para recordar esta cita

Cita #_______

Caminar bajo la lluvia

____

____

____

____

____

____

Calificación de esta cita

Describe esta cita con una sola palabra

Fecha: ____________________

Lugar: ____________________

Lo mejor de la cita:

____

____

____

____

____

____

____

____

La mejor foto del día

Escribe, dibuja o pega algo
para recordar esta cita

Cita #_______

Escribir una carta

____
____
____
____
____
____

Fecha: _______________________

Lugar: _______________________

Lo mejor de la cita:

____
____
____
____
____
____
____
____

La mejor foto del día

Escribe, dibuja o pega algo para recordar esta cita

Cita #______

Ver una serie

Calificación de esta cita

Describe esta cita con una sola palabra

Fecha: ______________________

Lugar: ______________________

Lo mejor de la cita:

La mejor foto del día

Escribe, dibuja o pega algo
para recordar esta cita

Cita #______

Grabar un tiktok

____

____

____

____

____

Calificación de esta cita

Describe esta cita con una sola palabra

Fecha: _______________________

Lugar: _______________________

Lo mejor de la cita:

____

____

____

____

____

____

____

La mejor foto del día

Escribe, dibuja o pega algo
para recordar esta cita

Cita #______

Cena romántica

Describe esta cita con una sola palabra

Fecha: _________________________

Lugar: _________________________

Lo mejor de la cita:

La mejor foto del día

Escribe, dibuja o pega algo
para recordar esta cita

Cita #_______

Armar un rompecabezas

Fecha: _______________________

Lugar: _______________________

Lo mejor de la cita:

La mejor foto del día

Escribe, dibuja o pega algo
para recordar esta cita

Cita #_______

Ver las estrellas

Describe esta cita con una sola palabra

____

____

____

____

____

Fecha: _______________________

Lugar: _______________________

Lo mejor de la cita:

____

____

____

____

____

____

____

____

La mejor foto del día

Escribe, dibuja o pega algo para recordar esta cita

Cita #______

Ver el amanecer

____

____

____

____

____

____

Fecha: ___________________

Lugar: ___________________

Lo mejor de la cita:

____

____

____

____

____

____

____

____

La mejor foto del día

Escribe, dibuja o pega algo
para recordar esta cita

Cita #_______

Hacer el super

____

____

____

____

____

____

Fecha: _______________________

Lugar: _______________________

____

____

____

____

____

____

____

La mejor foto del día

Escribe, dibuja o pega algo
para recordar esta cita

Cita #_______

Escoger nuestra canción

____

____

____

____

____

____

Fecha: _______________________

Lugar: _______________________

La mejor foto del día

Escribe, dibuja o pega algo para recordar esta cita

Cita #______

Ir a una fiesta

____

____

____

____

____

Fecha: _______________________

Lugar: _______________________

____

____

____

____

____

____

La mejor foto del día

____

Escribe, dibuja o pega algo para recordar esta cita

Cita #______

Capsula del tiempo

Fecha: ______________________

Lugar: ______________________

Escribe, dibuja o pega algo
para recordar esta cita

Cita #______

Comprar un libro

____

____

____

____

____

____

Fecha: ____________________

Lugar: ____________________

Lo mejor de la cita:

____

____

____

____

____

____

____

____

La mejor foto del día

Escribe, dibuja o pega algo
para recordar esta cita

Cita #_______

Crear una playlist

____

____

____

____

____

Describe esta cita con una sola palabra

Fecha: _______________________

Lugar: _______________________

Lo mejor de la cita:

____

____

____

____

____

____

____

____

La mejor foto del día

Escribe, dibuja o pega algo
para recordar esta cita

Cita #_____

Ir a un concierto

Fecha: _______________

Lugar: _______________

Escribe, dibuja o pega algo
para recordar esta cita

Cita #_____

Ir a un museo

____

____

____

____

____

____

Fecha: _______________________

Lugar: _______________________

____

____

____

____

____

____

____

Escribe, dibuja o pega algo para recordar esta cita

Cita #_______

Ir al teatro

____

____

____

____

____

Describe esta cita con una sola palabra

Fecha: _________________________

Lugar: _________________________

Lo mejor de la cita:

____

____

____

____

____

____

____

La mejor foto del día

Escribe, dibuja o pega algo
para recordar esta cita

Cita #_______

Ir a un mirador

____

____

____

____

Fecha: _______________________

Lugar: _______________________

____

____

____

____

____

____

____

La mejor foto del día

Escribe, dibuja o pega algo
para recordar esta cita

Cita #_______

Cocinar juntos

____

____

____

____

____

____

Fecha: ________________________

Lugar: ________________________

Lo mejor de la cita:

____

____

____

____

____

____

____

____

La mejor foto del día

Escribe, dibuja o pega algo
para recordar esta cita

Cita #____

Ir a un parque de diversiones

Fecha: ____________________

Lugar: ____________________

Lo mejor de la cita:

La mejor foto del día

Escribe, dibuja o pega algo
para recordar esta cita

Cita #_______

Noche de pizza y pelis

Calificación de esta cita

____

____

____

____

____

Describe esta cita con una sola palabra

Fecha: _____________________________

Lugar: _____________________________

Lo mejor de la cita:

____

____

____

____

____

____

____

____

La mejor foto del día

Escribe, dibuja o pega algo
para recordar esta cita

Cita #______

Ir a patinar

____

____

____

____

____

Calificación de esta cita

Describe esta cita con una sola palabra

Fecha: __________________________

Lugar: __________________________

Lo mejor de la cita:

____

____

____

____

____

____

____

La mejor foto del día

Escribe, dibuja o pega algo para recordar esta cita

Cita #_______

Montar a caballo

____

____

____

____

____

Describe esta cita con una sola palabra

Fecha: _______________________

Lugar: _______________________

Lo mejor de la cita:

____

____

____

____

____

____

____

La mejor foto del día

Escribe, dibuja o pega algo
para recordar esta cita

Cita #_______

Ir al autocinema

____

____

____

____

____

____

Describe esta cita con una sola palabra

Fecha: _______________________

Lugar: _______________________

Lo mejor de la cita:

____

____

____

____

____

____

____

____

La mejor foto del día

Escribe, dibuja o pega algo
para recordar esta cita

Cita #_____

Ir al boliche

____

____

____

____

____

Fecha: _______________________

Lugar: _______________________

____

____

____

____

____

____

____

Escribe, dibuja o pega algo
para recordar esta cita

Cita #_______

Ver un partido

Fecha: _____________________

Lugar: _____________________

Escribe, dibuja o pega algo
para recordar esta cita

Cita #_______

Donar algo

____

____

____

____

____

Fecha: __________________________

Lugar: __________________________

Lo mejor de la cita:

____

____

____

____

____

____

____

____

La mejor foto del día

Escribe, dibuja o pega algo
para recordar esta cita

Cita #_______

Dibujar algo

____

____

____

____

____

____

Fecha: _____________________

Lugar: _____________________

Lo mejor de la cita:

____

____

____

____

____

____

____

La mejor foto del día

____

Escribe, dibuja o pega algo
para recordar esta cita

Cita #_______

Plantar un arbol

____

____

____

____

____

Calificación de esta cita

Describe esta cita con una sola palabra

Fecha: _____________________

Lugar: _____________________

Lo mejor de la cita:

La mejor foto del día

____

____

____

____

____

____

____

Escribe, dibuja o pega algo
para recordar esta cita

Cita #_______

Noche de halloween

____

____

____

____

____

Describe esta cita con una sola palabra

Fecha: _______________________

Lugar: _______________________

Lo mejor de la cita:

____

____

____

____

____

____

____

La mejor foto del día

Escribe, dibuja o pega algo
para recordar esta cita

Cita #_______

Ir al parque

____

____

____

____

____

Fecha: _______________________

Lugar: _______________________

Lo mejor de la cita:

____

____

____

____

____

____

____

La mejor foto del día

____

Escribe, dibuja o pega algo
para recordar esta cita

Cita #_______

Hornear galletas

____

____

____

____

____

____

Fecha: _______________________

Lugar: _______________________

____

____

____

____

____

____

____

____

Escribe, dibuja o pega algo
para recordar esta cita

Cita #_____

Ir al remar/pescar

____

____

____

____

____

Fecha: ____________________

Lugar: ____________________

____

____

____

____

____

____

____

Escribe, dibuja o pega algo
para recordar esta cita

Cita #_____

Ir al circo

____

____

____

____

____

Calificación de esta cita

Describe esta cita con una sola palabra

Fecha: ___________________

Lugar: ___________________

Lo mejor de la cita:

____

____

____

____

____

____

____

La mejor foto del día

Escribe, dibuja o pega algo
para recordar esta cita

Cita #_______

Decorar para navidad

____

____

____

____

____

Calificación de esta cita

Describe esta cita con una sola palabra

Fecha: _______________________

Lugar: _______________________

Lo mejor de la cita:

La mejor foto del día

____

____

____

____

____

____

____

____

Escribe, dibuja o pega algo
para recordar esta cita

Cita #_____

Ir a un cumpleaños

Calificación de esta cita

Describe esta cita con una sola palabra

Fecha: _________________

Lugar: _________________

Lo mejor de la cita:

La mejor foto del día

Escribe, dibuja o pega algo
para recordar esta cita

Cita #_______

Ir a un baby shower

____

____

____

____

____

Fecha: _____________________

Lugar: _____________________

Lo mejor de la cita:

____

____

____

____

____

____

____

____

La mejor foto del día

Escribe, dibuja o pega algo
para recordar esta cita

Cita #_______

Ir a una boda

____

____

____

____

____

____

Fecha: _____________________

Lugar: _____________________

____

____

____

____

____

____

____

____

Escribe, dibuja o pega algo
para recordar esta cita

Cita #_____

Ir a una cascada

Calificación de esta cita

Describe esta cita con una sola palabra

Fecha: _______________

Lugar: _______________

Lo mejor de la cita:

La mejor foto del día

Escribe, dibuja o pega algo
para recordar esta cita

Cita #_______

Ir a un lago

Fecha: _____________________

Lugar: _____________________

Escribe, dibuja o pega algo
para recordar esta cita

Cita #_______

Ir a concierto o festival
de música

____

____

____

____

____

Calificación de esta cita

Describe esta cita con una sola palabra

Fecha: _______________________

Lugar: _______________________

Lo mejor de la cita:

____

____

____

____

____

____

____

____

La mejor foto del día

Escribe, dibuja o pega algo
para recordar esta cita

Cita #______

Pintar una pared

____

____

____

____

____

Fecha: ____________________

Lugar: ____________________

____

____

____

____

____

____

____

____

Escribe, dibuja o pega algo para recordar esta cita

Cita #______

Armar algun lego

____

____

____

____

____

Fecha: ___________________

Lugar: ___________________

Escribe, dibuja o pega algo
para recordar esta cita

Cita #______

Disfraces de pareja

____

____

____

____

____

Describe esta cita con una sola palabra

Fecha: _______________________

Lugar: _______________________

Lo mejor de la cita:

____

____

____

____

____

____

____

____

La mejor foto del día

Escribe, dibuja o pega algo
para recordar esta cita

Cita #_______

Calificación de esta cita

Ver un documental

____

____

____

____

Describe esta cita con una sola palabra

Fecha: _______________________

Lugar: _______________________

Lo mejor de la cita:

____

____

____

____

____

____

____

La mejor foto del día

Escribe, dibuja o pega algo
para recordar esta cita

Cita #______

Escuchar un podcast

____

____

____

____

____

____

Fecha: _______________________

Lugar: _______________________

____

____

____

____

____

____

____

La mejor foto del día

____

Escribe, dibuja o pega algo para recordar esta cita

Cita #_______

Volar un papalote

____

____

____

____

____

Fecha: _______________________

Lugar: _______________________

____

____

____

____

____

____

____

Escribe, dibuja o pega algo
para recordar esta cita

Cita #_____

Pijamada

____

____

____

____

____

____

Fecha: _______________________

Lugar: _______________________

____

____

____

____

____

____

____

____

La mejor foto del día

Escribe, dibuja o pega algo para recordar esta cita

Cita #_______

Ir a un stand up

____

____

____

____

____

Describe esta cita con una sola palabra

Fecha: _________________

Lugar: _________________

Lo mejor de la cita:

____

____

____

____

____

____

____

____

La mejor foto del día

Escribe, dibuja o pega algo
para recordar esta cita

Cita #______

Comer donas

____

____

____

____

____

Calificación de esta cita

Describe esta cita con una sola palabra

Fecha: _______________________

Lugar: _______________________

Lo mejor de la cita:

____

____

____

____

____

____

____

____

La mejor foto del día

Escribe, dibuja o pega algo
para recordar esta cita

Cita #_______

Ahorrar en una alcancía

____

____

____

____

____

____

Describe esta cita con una sola palabra

Fecha: _______________________

Lugar: _______________________

Lo mejor de la cita:

La mejor foto del día

____

____

____

____

____

____

____

Escribe, dibuja o pega algo
para recordar esta cita

Cita #_______

Ir a un spa

____

____

____

____

____

____

Fecha: ____________________

Lugar: ____________________

Lo mejor de la cita:

____

____

____

____

____

____

____

La mejor foto del día

Escribe, dibuja o pega algo
para recordar esta cita

Cita #_______

Preparar hotcakes

Fecha: _________________________

Lugar: _________________________

Escribe, dibuja o pega algo
para recordar esta cita

Cita #_____

Ir a cenar tacos

____

____

____

____

____

____

Fecha: _____________________

Lugar: _____________________

____

____

____

____

____

____

____

Escribe, dibuja o pega algo para recordar esta cita

Cita #_____

Ir a un parque acuático

Fecha: _______________

Lugar: _______________

Escribe, dibuja o pega algo
para recordar esta cita

Cita #_____

Ir a un planetario

Calificación de esta cita

Describe esta cita con una sola palabra

Fecha: _________________

Lugar: _________________

Lo mejor de la cita:

La mejor foto del día

Escribe, dibuja o pega algo
para recordar esta cita

Cita #______

Ir a un acuario

Fecha: _______________________

Lugar: _______________________

Escribe, dibuja o pega algo
para recordar esta cita

Cita #_______

Ir al mini golf

____

____

____

____

____

____

Calificación de esta cita

Describe esta cita con una sola palabra

Fecha: __________________________

Lugar: __________________________

Lo mejor de la cita:

____

____

____

____

____

____

____

La mejor foto del día

Escribe, dibuja o pega algo
para recordar esta cita

Cita #______

Visitar un jardín botánico

____

____

____

____

____

____

Fecha: _____________________

Lugar: _____________________

Lo mejor de la cita:

____

____

____

____

____

____

____

La mejor foto del día

Escribe, dibuja o pega algo
para recordar esta cita

Cita #_______

Compartir un hobbie
De ella

____

____

____

____

____

Describe esta cita con una sola palabra

Fecha: _______________________

Lugar: _______________________

Lo mejor de la cita:

____

____

____

____

____

____

____

La mejor foto del día

Escribe, dibuja o pega algo
para recordar esta cita

Cita #_______

Compartir un hobbie
De él

____

____

____

____

____

Describe esta cita con una sola palabra

Fecha: _______________________

Lugar: _______________________

Lo mejor de la cita:

____

____

____

____

____

____

____

La mejor foto del día

Escribe, dibuja o pega algo
para recordar esta cita

Cita #_______

Road trip

Describe esta cita con una sola palabra

Fecha: _____________________

Lugar: _____________________

Lo mejor de la cita:

La mejor foto del día

Escribe, dibuja o pega algo
para recordar esta cita

Cita #_______

Tour de bares

____

____

____

____

____

Calificación de esta cita

Describe esta cita con una sola palabra

Fecha: __________________________

Lugar: __________________________

Lo mejor de la cita:

____

____

____

____

____

____

____

La mejor foto del día

Escribe, dibuja o pega algo
para recordar esta cita

Cita #_______

Pasear por la playa

____

____

____

____

____

Fecha: _______________________

Lugar: _______________________

____

____

____

____

____

____

____

____

Escribe, dibuja o pega algo
para recordar esta cita

9 788839 706236